CONFRÉRIE

DU

SACRÉ-CŒUR

Chapelle des Zouaves Pontificaux

Basse-Motte

CONFRÉRIE DU SACRÉ-CŒUR

érigée par Son Eminence le Cardinal Place dans la chapelle de la Basse-Motte, en la paroisse de Châteauneuf-de-Bretagne, le 24 Juin 1892, fête du Sacré-Cœur.

CHARLES-PHILIPPE PLACE, *par la grâce de Dieu et du Saint-Siège Apostolique archevêque de Rennes, Dol et Saint-Malo, cardinal-prêtre de la Sainte Eglise Romaine du titre de Sainte-Marie-la-Nouvelle et de Sainte-Françoise-Romaine, au Forum Romain,*

Vu la supplique à Nous adressée d'un commun accord par Sa Majesté le roi des Deux-Siciles, François II de Bourbon, et notre cher fils Athanase général baron de Charette, le 28 juin 1891, à la suite de la bénédiction par Nous solennellement faite de la chapelle établie au manoir de la Basse-Motte, au doyenné de Châteauneuf-de-Bretagne ;

Vu les instances contenues dans la lettre de Sa Majesté, en date du 27 novembre 1891, et dans celle de M. le général de Charette, en date du 30 novembre 1891, tendant à ce qu'il Nous plaise d'ériger canoniquement dans ladite chapelle de la Basse-Motte, sous le titre de *Confrérie du Sacré-Cœur*, une pieuse association de prières en faveur des membres vivants ou morts ayant appartenu au régiment des Zouaves Pontificaux, aux Volontaires de l'Ouest, ou ayant été agrégés au Régiment, et principalement en faveur de ceux dont les noms sont inscrits sur les murs de la chapelle ;

Vu le projet de statuts délibérés par le Conseil provisoire de la Congrégation, dans sa séance du 3 juin 1891, premier vendredi du mois du Sacré-Cœur ;

Vu les touchants et vénérables souvenirs réunis dans cette chapelle et notamment l'étendard du Sacré-Cœur, teint du sang des braves qui sont morts en combattant sous ses plis ;

Vu la résolution prise par M. le général baron de Charette de faire célébrer une messe quotidienne en l'honneur du Sacré-Cœur, pour les membres de la Confrérie et en particulier pour ceux qui ont succombé dans les combats et batailles livrés pour l'Eglise et pour la patrie, et où le Régiment a conquis son glorieux renom;

Savoir : Lorette, Castelfidardo, Ancône, Spoleto (Ponte Correze), Monte Lupino, Valentano, Bagnorea, Monte Libretti, Nerola, Farnese, Seristori, Villa Secchini, Monte Rotondo, Mentana, siège de Rome 1870, Cercottes, Brou, Patay, Le Mans; Campagne de France 1870-71;

Considérant que cette Confrérie, en unissant dans la prière des hommes qui ont été unis dans les mêmes sentiments de dévoûment et d'amour pour l'Eglise et son auguste Chef et pour la France, rendra plus étroits et plus durables dans la mort même les liens que la fraternité des armes a établis entre eux;

Considérant que la mémoire de cette glorieuse phalange qui, sous le nom de Régiment des Zouaves Pontificaux et de Volontaires de l'Ouest, s'est illustrée sur tant de champs de bataille, en même temps qu'elle sera gardée avec honneur par l'histoire, sera ainsi conservée de la manière la plus en rapport avec l'esprit éminemment chrétien dont elle est animée;

Heureux de nous associer à la généreuse pensée des fondateurs et de seconder le dessein dont ils ont trouvé l'inspiration dans leur foi, leur patriotisme et leur fraternité militaire,

Le Saint Nom de Dieu invoqué,

En vertu de notre autorité ordinaire, nous avons ordonné et ordonnons ce qui suit :

Article Premier. — Une pieuse association de prières sous le titre de *Confrérie du Sacré-Cœur* est instituée, à partir de ce jour, dans la chapelle dite du Sacré-Cœur de Jésus, au manoir de la Basse-Motte, dans la paroisse de Châteauneuf-de-Bretagne.

Article Deux. — Est approuvé pour servir désormais de règle à la Congrégation le projet de statuts, délibéré par son Conseil provisoire, dans la séance du 3 juin 1892.

Ledit Conseil ainsi composé :

M. le général baron de Charette, président ;
Vicomte de Couëssin, commandant.
Comte de La Messelière, capitaine.
Gaston de Villèle, lieutenant.
de la Vieuville, sergent.
Schmoderer, caporal.
Comte de Kergariou, soldat.

Article Trois. — Les statuts règlent ce qui concerne l'administration de la Confrérie, les conditions auxquelles on en est membre et où on peut le devenir, le mode d'exclusion, le chiffre des cotisations annuelles, etc.

Article Quatre. — Il sera tenu un registre qui restera sous la garde du Secrétaire de la Congrégation, et qui portera en tête la copie de la présente ordonnance, et celle des statuts, à la suite les noms de tous les membres de la congrégation, avec la date de leur entrée dans le Régiment, ou de leur agrégation et de leur mort.

On suivra pour cette inscription les prescriptions canoniques.

Article Cinq. — Le directeur spirituel sera à perpétuité le prêtre investi par l'Archevêque de Rennes des fonctions de chapelain dans la chapelle de la Basse-Motte. Ce prêtre sera proposé au choix de Mgr l'Archevêque.

Article Six. — Le président de la Confrérie fera les diligences nécessaires pour obtenir son affiliation à un Ordre militaire, afin de la faire participer aux indulgences et faveurs spirituelles accordées à cet ordre.

Dès maintenant, en vertu d'un Indult en date du 4 novembre 1890,

Une indulgence plénière, applicable aux défunts, pourra être gagnée, aux conditions ordinaires, dans la dite chapelle, les lundi, mercredi et vendredi de chaque semaine.

M. le général baron de Charette en sollicitera de spéciales pouvant être gagnées aux jours anniversaires des batailles auxquelles le régiment a participé, en faveur de ceux de ses membres qui y ont succombé.

Donné à Rennes, le vendredi 24 juin 1892, en la fête du Sacré-Cœur de Jésus.

† Charles-Philippe, Cardinal PLACE,

Archevêque de Rennes, Dol et Saint-Malo.

STATUTS

DE LA

CONFRÉRIE DU SACRÉ-CŒUR

Président d'Honneur :

S. M. le Roi des Deux-Siciles, François II de Bourbon.

Vice-Présidents d'Honneur :

S. A. R. le duc d'Orléans.
S. A. R. le duc d'Alençon.

Le Conseil sera composé de :

Un président : Le général de Charette, commandant le régiment.
Un vice-président : Lieuten^t-colonel d'Albiousse.
Ces deux, membres de droit.

Un commandant : Vicomte de Couessin.
Un major : de Ferron.
Un capitaine : Comte de La Messelière.
Un lieutenant : de Villèle.
Un sous-lieutenant : Le Gonidec.
Deux sous-officiers : de La Vieuville, comte de La Noue.
Un caporal : Schmoderer.
Deux soldats : Comte de Kergariou, comte de Lorgeril.

Secrétariat :

Un secrétaire général : Vicomte du Pujet.
Un trésorier : Vicomte de Champeaux.

Membres :

Hollande : Lieutenant Looymans.
Belgique : Capitaine marquis de Résimond.
Italie : Lieutenant Cappelli.
Angleterre : Woodward.
Espagne :
Suisse : Capitaine Thalmann.
Allemagne-Autriche : C^ne marquis de Résimond.
Canada : Chevalier de Montigny ; chevalier Laroque, secrétaire.
Amérique : Docteur Macdonald.

Trois membres seront choisis en dehors du Président pour former la Commission permanente, qui devra siéger toutes les fois que le Président jugera à propos de les réunir.

A la mort d'un des membres du Conseil, un remplaçant sera donné par ledit Conseil dans le délai d'un mois, et sera pris autant que possible parmi les plus anciens du régiment.

Tout membre qui, par sa conduite morale ou religieuse, donnerait lieu à un scandale, sera déféré au Conseil, qui prononcera son exclusion, à la majorité absolue des voix.

Notification lui en sera faite par le Président du Conseil.

Les agrégés pourront être reçus dans la Confrérie sur la proposition de deux membres, après avoir été acceptés par le Conseil.

Les femmes, sœurs, filles de zouaves et d'agrégés seront, sur leur demande, admises à faire partie de la Confrérie.

Une cotisation de 2 francs 50 par an sera réclamée à chaque membre de la Confrérie par les soins du Trésorier.

Chaque associé paiera donc 2 francs 50, mais l'ensemble des cotisations du reste de sa famille ne dépassera pas 5 francs.

Le Conseil appréciera les cas où il pourra faire remise de la cotisation.

Les cotisations serviront à payer l'aumônier, à pourvoir aux frais du culte dans la chapelle et à dire des messes pour les associés défunts.

Des mesures sont prises afin que la dotation pour l'aumônier soit assurée.

Chaque membre de la Confrérie aura la faculté de se libérer de la cotisation annuelle par un versement anticipé de cinquante francs entre les mains du Trésorier.

Le Président fera les démarches nécessaires pour obtenir les indulgences aux anniversaires des batailles et combats, ainsi que l'affiliation à un ordre militaire. Chaque chef de zone pour la France, et les présidents nommés pour les différents pays, établiront les listes de tous les zouaves de leurs zones qui seront invités à faire partie de la Confrérie. — La liste générale de ceux qui se seront fait inscrire sera établie par le Président de la Confrérie, et remise par ses soins au secrétaire général, M. le vicomte du Pujet.

M. le vicomte de Champeaux, trésorier général (32, avenue Hoche, Paris), est chargé de faire rentrer par la voie de la poste, à la date du 3 novembre de chaque année, les cotisations de tous les membres de la Confrérie. Ceux-ci seront prévenus de ce mode de recouvrement en devenant membres de la Confrérie.

Un double registre sera tenu : à la Basse-Motte, et au Secrétariat, à Paris, chez M. le vicomte du Pujet, 32, avenue Hoche.

Chaque chef de zone et de province gardera lui aussi un registre exact de tous les agrégés de sa zone ou province.

Le chef de zone aura soin, aux mois de janvier et de juin, d'envoyer la liste de tous les morts ayant eu lieu dans ces périodes, afin qu'on puisse les inscrire, soit sur les murs de la chapelle, s'il y a place, soit sur le registre qui sera déposé dans la sacristie de la chapelle, afin que ces défunts puissent participer aux indulgences attachées, soit à la chapelle, soit à la Confrérie.

Chaque chef de zone ou de province fera son possible pour envoyer les noms de tous les camarades morts depuis 1870 jusqu'à nos jours.

CHARETTE.

ORDRE DU JOUR

13 août 1892.

Amis et chers Camarades,

S. E. le Cardinal Place, archevêque de Rennes, Dol et Saint-Malo, vient de nous accorder une bien grande faveur, et il l'a fait dans des termes d'une éloquence telle, que je devrais me taire et m'incliner. Cependant, laissez-moi vous dire que le nom de Son Eminence est inscrit un des premiers sur les murs de la chapelle et rappellera à tous la reconnaissance que nous lui devons à jamais.

Le Régiment ne mourra pas et continuera par la communion de prières et de sentiments la légende glorieuse.

Nos enfants et arrière-petits-enfants répéteront ces mots qui nous ont fait vivre et qui seront les derniers que nous prononcerons : « Cœur de Jésus, sauvez Rome et notre beau pays... de France ! »

Ce cri sera celui du triomphe.

Amis, que cette Association soit un lien de plus entre nous ; — prions pour les morts, prions pour les vivants ; groupons-nous autour du drapeau, ce qui nous permettra à tous et toujours de faire notre devoir de patriotes, en conservant notre honneur.

Gloire, hommages, dévoûment à François II, qui, le premier, a eu l'idée de l'Association.

Le Général, Président du Conseil :

CHARETTE.

IMPRIMERIE-SUCCURSALE BAZOUGE, ST-MALO.

www.ingramcontent.com/pod-product-compliance
Lightning Source LLC
LaVergne TN
LVHW021530140926
848035LV00047B/1290

* 9 7 8 2 0 1 4 1 1 4 9 0 4 *